Herbert Stolz
Christian Muggenthaler

Landshut
aus der Luft

Verlag Friedrich Pustet
Regensburg

Fotografie: Herbert Stolz
Text: Christian Muggenthaler

Titelfoto: St. Martin am 12. Juli 2009 zur Landshuter Hochzeit
Umschlagrückseite: Wolfgangsiedlung

Der Fotograf widmet dieses Buch Peter und Heidegret Burschel.

Bibliografische Information der Deutschen Nationalbibliothek:
Die deutsche Nationalbibliothek verzeichnet diese Publikation in der Deutschen Nationalbibliografie; detaillierte bibliografische Daten sind im Internet über http://dnb.d-nb.de abrufbar.

www.verlag-pustet.de

ISBN 978-3-7917-2275-7

Buch- und Umschlaggestaltung: Tina Köstler, München
Druck und Bindung: Friedrich Pustet, Regensburg
Printed in Germany 2010

Inhalt

Einführung: Ein Flug über Vergangenheit und Zukunft

Ein paar Orte gibt es, von denen aus man die Stadt von ein bisschen weiter oben betrachten kann. Vom Stadtblick im Hofgarten, von der Burg Trausnitz, vom Turm der Martinskirche. Aber auch von dort aus bleiben die Turmfalken, die Möwen, die Schwäne in ihrem majestätischen Flug beneidet wegen ihrer Vogelschau auf die Stadt. Denn von oben vermitteln Natur und Kulturlandschaft noch einmal ganz andere Eindrücke, entstehen überraschende Muster, neue Zusammenhänge und attraktive Einblicke. Aber wir können uns helfen: Statt zwischen den Mauern stehen bleiben zu müssen, können wir mit den Mitteln der Luftbildfotografie auch hinter sie blicken und hinein in die Strukturen der Stadt. Also wollen wir die Rundflüge beginnen und sommers wie winters der Stadt auf Dach und Dächer schauen. Wenn Sie uns bitte folgen wollen:
Wir beginnen mit dem historischen Kern der Stadt. Der schmiegt sich an die Isar an, und wir erkennen dort eine Art Straßenleiter: Zwei Hauptstränge, die Alt- und die Neustadt, werden durch kleine Gässchen verbunden. Dazu kommen als Flusshafen die Länd und als erste Neubau- und Wachstumsviertel die Freyung und das Nikola-Viertel. Fertig ist das alte Landshut, das in dieser Gestalt bis ins 19. Jahrhundert im wesentlichen unverändert blieb. Erst dann wuchs die Stadt – und dieses Wachstum schauen wir uns auf den folgenden Seiten an. Wir fliegen jetzt einfach einmal gegen den Uhrzeigersinn um das historische Zentrum herum und blicken auf die Viertel und Vororte Landshuts. Die Stadt ist breit nach Osten und Westen und schmal nach Süden und Norden; ein bisschen schaut sie wie ein Sombrero aus. Wenn wir nach Süden fliegen, geht es über zwei in den 1920er-Jahren eingemeindete Ortsteile hinweg, über den Hofberg und Achdorf. Der Berg ist geprägt vom großen Areal des Hofgartens, von seinen landwirtschaftlichen und landschaftlichen Flächen und von der Burg, die über die Stadt wacht. Auch Achdorf sieht man die dörfliche Struktur noch an.
Der Osten der Stadt mit den in den 1970er-Jahren eingemeindeten Ortsteilen Frauenberg und Schönbrunn sowie Peter und Paul zeigt viele landschaftlich bedeutende Flächen. Dort liegen zahlreiche Ausflugsziele wie das großflächige Naturschutzgebiet auf dem ehemaligen Truppenübungsgelände und der Badeweiher Gretlmühle. Parallel zur Isar erstrecken sich die steilen Hangleiten, die rechts des Flusses das Isartal begrenzen und ins tertiäre Hügelland überleiten. An der Grenze der Stadt findet sich ein Stausee, wie sein auf Landkreisgebiet liegendes Gegenstück im Westen ein Paradies für Wasser- und Wandervögel. In Schönbrunn stoßen wir auf ein wachsendes Dienstleistungszentrum mit Messepark

Die Stadt einst und heute: Das Bild wird geprägt von historischer Bausubstanz einerseits ...

auf dem ehemaligen Schochkasernengelände. Viel genossenschaftliche Wohnbebauung überfliegen wir im Ortsteil Peter und Paul, ein gemütliches Viertel, das von der hektischen Niedermayerstraße durchzogen wird.
Ein ganz anderes Bild liefert die Stadt im Norden ab. Dort gibt es zum einen viel Wohnbau, so vor allem in der stetig wachsenden Wolfgangsiedlung, die schon nach dem Krieg viele Zuzügler aufnahm; Arbeit fanden sie im angrenzenden Industrieviertel, in dem sich wichtige Firmen und Gewerbesteuerzahler finden, beispielsweise BMW Group Landshut, viel gesunder Mittelstand.
Im Norden der Bayerwaldsiedlung überfliegen wir ein neues Gewerbegebiet, das beständig wächst.
Und auch im Westen erkennen wir eine weite Fläche, die als kommendes Gewerbegebiet dienen soll: die Münchnerau. Zusammen mit dem Stadtteil Landshut-West ergibt sie den modernsten Teil im Stadtkörper, das eigentliche Entwicklungsgebiet. Dort ist beispielsweise der große Betrieb der Silicon Foundry Holding.
Wir erkennen bei unserem Rundflug: Auch eine so geschichtsträchtige Stadt wie Landshut kann von ihrem schmucken, historischen Ortskern nicht alleine leben. Auch sie braucht Zukunft.

... und modernen, zeitgemäßen Formen der Architektur andererseits.

Wenn Leben Eingespanntsein heißt in die Abfolge von Vergangenheit-Gegenwart-Zukunft, dann ist eine Stadt auch ein Lebewesen – und dann birgt ein Flug über einen Stadtkörper in der Gegenwart immer auch Gedanken an die Zukunft.
Für die Zukunft braucht sie Fläche. Wenn wir jetzt einmal um die Stadt herumfliegen, stellen wir rasch fest, dass das ein Problem für Landshut ist: Die Stadt ist dick eingepackt von ebenfalls prosperierenden Umlandgemeinden, die jetzt schon dicht mit der Textur des Stadtgebiets verwoben sind.
Aus der Luft kann man schon längst nicht mehr erkennen, wo Landshut endet und Altdorf, Ergolding, Kumhausen beginnen. Alles Orte, die ebenfalls eine lange Tradition haben, Orte, in denen sich Hügelgräber finden und Burgställe, wo Archäologen bedeutsame Funde aus frühen Tagen der Menschheit gemacht haben. Und die in die Zukunft streben: Altdorf als möglicher Brennpunkt der Geothermie, Ergolding als Hort der Industrie, Kumhausen mit stetig wachsender Wohnbevölkerung. Aus dem Flugzeug zeigt sich, dass die Stadt Landshut längst zur Region Landshut geworden ist, die zu bewohnen oder zu bereisen ausgesprochen lohnenswert ist. Und jetzt schauen wir genauer hin!

Immer weiter an der Leiter: Die historische Innenstadt

Bis zum 19. Jahrhundert beschränkte sich das Gebiet der Stadt auf ihren historischen Kern. Der war in mehreren relativ rasch aufeinander folgenden Entwicklungsphasen entstanden: Von der Stadtgründung im Jahr 1204 durch Herzog Ludwig I. an war das Stadtleben zunächst ein Wachstumsgeschäft. Städte waren attraktiv – als Wirtschafts- und als Handelsmittelpunkte, als Keimzellen bürgerlicher Existenz und als magnetischer Ort für all jene Menschen, die neue Herausforderungen suchten. Landshut wuchs schnell. Die Gründer, das Herzogsgeschlecht der Wittelsbacher, sahen dieses beträchtliche Wachstum mit Wohlgefallen.
Die Altstadt war der erste Straßenzug der Stadt und ist heute immer noch der bedeutsamste. Die Altstadt wurde an Anfang und Ende begrenzt durch Martinskirche und Heilig-Geist-Kirche, sie war Zoll- und Kreuzungsstation auf alten Handelswegen, überquerte auf einer für den Reiseverkehr bedeutsamen Brücke zwei breite Hauptarme der Isar und schmiegte sich an den Burgberg an, auf dem die fürstliche Trausnitz thront. An der Brücke wurde das Heilig-Geist-Spital für ruhebedürftige Reisende gebaut, jenseits der Brücke errichtete Ludmilla, die Frau des Gründer-Herzogs, das Zisterzienserinnenkloster Seligenthal, eine bedeutende Grablege der Wittelsbacher. Am Fuß des Burgbergs, rund um den heutigen Dreifaltigkeitsplatz, siedelten sich Juden an, ohne deren Geld ein solches Gründungsunternehmen gar nicht denkbar war. Dort muss sich in früherer Zeit auch noch ein Flussarm befunden haben, der dann weiter am Fuß des Hofbergs geflossen ist: Ein Judenbad war am Nahensteig angesiedelt, der seinen Namen vom jüdischen Begriff für Bach – nahar – bekommen hat.

Die Stadt und ihre Verwaltung:
Mitten im Kern der alten Stadt, wo dicht gedrängt die Bürgersleut' saßen …

Bald reichte die Altstadt für die Neusiedler nicht mehr aus, und so entstand in der Mitte des 13. Jahrhunderts in paralleler Achse ein zweiter Straßenzug, die Neustadt. Zwischen beiden dominanten Straßen entwickelten sich Gassen und Gässchen, so dass aus der Flugzeugperspektive das ganze Areal das für Gründungsstädte nicht untypische Aussehen einer Leiter bekommt. Auf der Flussseite entwickelte sich die Länd, wo Händler wichtige Waren anlandeten, Holz, Salz, Wein beispielsweise, wo die Fischer fischten und das Flusswasser Mühlen bewegte. Und weiter ging die Expansion einer dynamischen Stadt. Es kam ein neuer Stadtkern dazu, heute der ruhigste der geschäftigen Innenstadt: die rund um die Jodokskirche sich ausbreitende Freyung, so benannt, weil Neuansiedler bei ihrer Planung 1338 für zehn Jahre von jeglichen Steuern befreit wurden. Und zwischen den Brücken wohnten außerhalb der Stadtbefestigung in der heutigen Zweibrückenstraße viele Handwerker.

Die große Zeit Landshuts, die wichtigste Ära des Orts, ist verbunden mit einem Zweig der Wittelsbachischen Herrscherfamilie, der seinerseits für immer mit den Namen der Reichen Herzöge verbunden bleiben wird, die drei Generationen lang die Geschicke des Teilherzogtums Bayern-Landshut sehr erfolgreich lenkten: Heinrich XVI., der von 1393 bis 1450 regierte, Ludwig IX. (1450 – 1479) und Georg (1479 – 1503). Noch heute wird Ludwigs und Georgs bei den Festspielen der Landshuter Hochzeit gedacht. Dass Bayern-Landshut sich an der Wende zur Neuzeit so gut entwickelte, lag an mehreren Glücksfällen: Es gab immer nur einen Erben, das Territorium war in sich verhältnismäßig geschlossen und gab viel her, und die Herrscher – oder ihre Berater – waren innenpolitisch ihrer Zeit weit voraus, betrieben vor allem eine umsichtige Wirtschaftspolitik, konsolidierten Besitz und Gut. Das machte sie mächtig und gab ihrer Hauptstadt an der Isar viel Prestige. Prestige, das man heute noch spürt. Dergestalt entstand die Stadt Landshut, umgürtet von einer Mauer, behaftet mit Toren, von denen heute nur noch die wenigsten stehen. Mauern und Tore nämlich verhielten sich beim Stadtwachstum ab dem 19. Jahrhundert wie die Gürtellöcher eines Mannes, der rasch zunimmt: Sie engten die Stadt ein und wurden entfernt. Heute ist die Innenstadt gern besuchtes Ziel von Touristen und Bürgern gleichermaßen. Durch den Kern der Stadt weht der Geist vergangener Zeiten, zugleich ist er ein Ort quirligen Lebens mit dem Charme einer niederbayerischen Metropole. Viele verschiedene Veranstaltungen und eine bunte Geschäftswelt sind Besuchermagneten, die Altstadt mit ihren zahlreichen Straßencafés, Restaurants und nahe gelegenen Biergärten hat sich längst zur Flaniermeile entwickelt. Wir ziehen über diese Gemütlichkeit hinweg und machen uns auf zu einem kurzen Flug in die Vergangenheit …

… stand ab 1380 das Rathaus, das in den folgenden Jahrhunderten um zwei Nachbarhäuser zur heutigen Gestalt erweitert wurde.

Nicht wild gewachsen, sondern einer Ordnung unterlegt: Begrenzt vom Wald des Hofgartens und der Isar erstrecken sich parallel zum Fluss die Altstadt und die Neustadt. An sie fügen sich isarseits die Ländgasse und die Uferpromenade an, im Nordosten liegt zu Füßen der Kirche St. Jodok die Freyung. Die Stadt bot vielen Kirchen und Klöstern Raum, eng miteinander durchwirkt waren für den mittelalterlichen Menschen Diesseits und Jenseits. Für Fürsten wie die bayerischen Wittelsbacher war es wichtig, Städte zu gründen: Sie bildeten Zentren der Verwaltung und Wirtschaft in einer Zeit, in der einheitlich strukturierte und durchorganisierte Staatsgebilde, wie wir sie heute kennen, nicht existierten. Da konnte man eine kraftstrotzende Landeshüterin gut gebrauchen: Wenn es den Stadtbürgern gut ging, ging es auch dem Land gut – und den Herzögen. Andersherum funktionierte dieser Zusammenhang auch. Man war aufeinander angewiesen.

Geschäftig ist das Treiben in Altstadt und Neustadt heute wie damals. Wesentliche Basis für das Handelsgeschäft war die Verlegung des Isarübergangs auf herzogliches Gebiet. Ihn hatte sich der Stadtgründer Herzog Ludwig der Kelheimer im Krieg gegen den Bischof von Regensburg erstritten; dessen etwas östlich gelegene Straßburg mit alternativem Isarübergang ließ er zerstören, um die Fernhandelsroute über Landshut leiten zu können. Stadteinwärts rechts der Brücke befindet sich deshalb das Heilig-Geist-Spital, heute ein Seniorenheim, das von 1974 bis 1987 dort eingerichtet wurde. Das Spital gehörte zu den ersten Gebäuden der Stadt, seit der Stadtgründung diente es Reisenden und Händlern als Unterkunft. Gegenüber liegt die Heilig-Geist-Kirche als Gegenpol zur Martinskirche. Sie wurde von 1407 bis 1461 errichtet und dient heute mit ihrem lichtdurchfluteten gotischen Sakralkörper als beeindruckender Ausstellungsraum für das Stadtmuseum.

Die Innenstadt diente immer als Hort für buntes Markttreiben. Platz für Handel gibt es dort heute noch: Jeden Freitag stehen in der Unteren Neustadt die Stände des beliebten Wochenmarkts, an dem sich Bürger mit frischen Lebensmitteln aus der Region versorgen können.

Gründungsstädte wie Landshut sind also nicht einfach gewuchert, sondern wuchsen nach Plan und reiflicher Überlegung. Sie waren das Produkt langfristiger politischer und wirtschaftlicher Erwägungen. Aus dem Flugzeug erkennen wir deshalb sehr gut die beeindruckend klaren Strukturen der mittelalterlichen Stadt. Märkte, Handel und Handwerk waren die bestimmenden Elemente. Die Altstadt war dabei immer das Handelszentrum des Orts. Herzog Heinrich der Reiche (1393 – 1450) hat die Strukturen noch klarer gestaltet und die Altstadt zu dem geräumigen Platz gemacht, den wir heute kennen. Er ließ die vielen Verkaufsbuden beseitigen, die sich dort breit gemacht hatten.
Die Neustadt bewohnten nicht zuletzt Handwerker und Wirte, wo die Marktbesucher gerne einmal einkehrten – und das heute noch gerne tun. Auch in den Sprossengässchen sprossen Bürger- und Handwerkerfleiß. Die aus der Altstadt verbannten Verkaufsbuden bekamen dort ihren neuen Platz, so wie etwa in der Fleischbankgasse.

Ein Blick über die Grenzen der alten Stadt hinaus zeigt die enge Anbindung klösterlichen Lebens ans Zentrum. Die Neustadt beschließt an ihrem nördlichen Ende die Barockanlage des Ursulinenklosters. Im Jahr 1668 hatte Kurfürst Ferdinand Maria die Ursulinen nach Landshut geholt, um Mädchen zu unterrichten, eine Aufgabe, deren Tradition nach der üblichen Unterbrechung zu Zeiten der Säkularisation heute noch fortgeführt wird: Derzeit besuchen rund 800 Mädchen die Ursulinen-Realschule. Über Eck schließt sich das Dominikanerkloster an. Die Dominikaner ließen sich 1271 in Landshut nieder, damals noch außerhalb des Stadtgebiets. Die heute zu sehende Fassung des Klosters wurde ab dem Jahr 1699 gestaltet. 1802 wurde das Kloster aufgelassen, war bis 1826 Sitz der Bayerischen Landesuniversität und diente von 1839 bis 1932 als Sitz der Regierung von Niederbayern; seit 1956 ist sie wieder dort untergebracht.

Im Schnee zeichnen sich die Sprossen der Leiter besonders schön ab. Wir sehen von oben nach unten Kirchgasse, Schirmgasse, Steckengasse, Grasgasse und Rosengasse, dazwischen wiederum Zwerggässchen, Fleischbankgasse und Taubengässchen. Grasgasse und Rosengasse sind die bedeutendsten Sprossengassen. Sie tragen ihre Namen schon seit der Mitte des 14. Jahrhunderts. Einer Legende nach sollen die während der Pest 1349 aus Mangel an Bestattungspersonal zugemauerten Gassen nach der Öffnung viele Jahre später voller Gras und Rosen gewesen sein.

Dicht gedrängt ist die Wohnbebauung in der Innenstadt. Das führte im Jahr 1342 zu einer Katastrophe. Weil wegen dieser Enge ein Brand 112 der damals größtenteils hölzernen Gebäude vernichtete, wurde seitdem nach herzoglicher Anordnung in Landshut nur noch mit dem Werkstoff Stein gebaut. Jeder Landshuter hatte außerdem zu Hause große mit Wasser befüllbare Lederbeutel aufzubewahren, mit denen er im Brandfall sofort ausrücken konnte. Alarm hatte der Türmer im Martinsmünster zu schlagen: frühe Formen der Feuerwehr.

Dreifaltigkeitsplatz 1a bis 16: Am Dreifaltigkeitsplatz siedelten seit der Stadtgründung die Landshuter Juden, bis sie im Jahr 1450 von Herzog Ludwig dem Reichen vertrieben wurden. Sie waren bis dahin Opfer mehrerer Pogrome geworden. Man liest jedoch jenseits dessen immer wieder in den Quellen auch von stabilen nachbarschaftlichen Beziehungen der Juden zu ihrer christlichen Umgebung. Sie bewohnten bis zu den Zeiten Heinrichs des Reichen unter anderem den großen Straßenplatz im Vordergrund, der Verkehr wurde damals über den kleineren Straßenzug weiter oben an den Hausfassaden entlang geleitet. Links oben ist im historischen Brunnenhaus der alten Stadt das Bauzunfthaus, das sich die Pflege alter Handwerkstraditionen zur Aufgabe gemacht hat.

Altstadt 17 bis 28: Mit dem Haus Nummer 17, jenem weißen Gebäude mit vier Speicherfenstern links, beginnt die Altstadt. Die Bausubstanz weniger Altstadthäuser geht hinter das 17. Jahrhundert zurück, was aber ihrer Ensemblewirkung keinen Abbruch tut. Neuzeitliche Eingriffe sind deshalb stets umstritten und sorgen für leidenschaftliche politische und denkmalschützerische Debatten in einer auf seine Vergangenheit sehr stolzen Stadt. Vor dem Haus 25, das – eigentlich gegen die Bauvorschriften – einen Erker trägt, zweigt nach oben die Ländgasse ab. Dort sieht man die heutige Volkshochschule in einem repräsentativen Gebäude des 17. Jahrhunderts, das ab 1680 Sitz des Landschaftspräsidenten und von 1810 bis 1964 städtisches Krankenhaus war.

Altstadt 28 bis 71: Zeitlich sehr weit zurück geht das ehemalige Landschaftshaus (links), das seit 1557 Sitz der „Landschaft“ war. Die so genannte Landschaft war als früher Vorläufer des Parlamentarismus ein Organ des geistlichen und weltlichen Adels, dem das Recht zur Abstimmung über das Steueraufkommen zukam. Das Haus ist mit Renaissancefresken wittelsbachischer Würdenträger geziert. Landshuter sprechen bei dem Gebäude wegen seiner Nutzung im 19. Jahrhundert gern auch von der „Alten Post“. Gleich daneben befindet sich die um 1460 erbaute ehemals herzogliche, später kurfürstliche Kanzlei. Generationen von Landshutern ist das Haus bekannt als heute nicht mehr existierendes „Kronprinz-Kino“.

Altstadt 68 bis 79: Große Dominanz in der Altstadt hat die Stadtresidenz (rechts), ein Bau Herzog Ludwigs X., der als letzter Wittelsbacher in Landshut residierte. Die Residenz gliedert sich in den altstadtzugewandten Deutschen Bau aus dem Jahr 1536 und den dahinter gelegenen bis 1543 errichteten Italienischen Bau, für den der Herzog Anregungen auf einer Italienreise vor allem in Betrachtung des Palazzo Te in Mantua und des Castello del Buonconsiglio in Trient gewonnen hatte. Zur Isar zu gelegen sind die Hofstallungen. Die Residenz diente weniger als Herzogssitz, sondern stets mehr als Gästehaus hoch angesehener Persönlichkeiten, auch Napoleon logierte dort am 21. April 1809. Beeindruckend ist das Bildprogramm der Malereien, Fresken und Stukkaturen in dem Gebäude, das heute unter anderem Teile des Stadtmuseums beherbergt.

Altstadt 78 bis 87: Neben der von 1536 bis 1543 errichteten Stadtresidenz steht singulär als zweiter Nachbar rechts das Pappenbergerhaus, das um 1405 vom städtischen Kammermeister Hans Wernstorffer erbaut wurde. Den Namen bekam das Gebäude von der Bürgerfamilie der Pappenberger, die dort vom 19. bis zum beginnenden 20. Jahrhundert wohnte. Das Haus gehört zu den bemerkenswertesten Profanbauten der Region und beweist die Kraft spätgotischen Bauens. Planer soll Hans Krumenauer gewesen sein, der zu den Baumeistern des Martinsmünsters gehörte. Es waren diese Baumeister, die das Bild der alten Städte entscheidend prägten, ein Beruf, der oft in der Familie vererbt wurde, hoch angesehen war und dessen wichtigste Kenntnisse wie Geheimnisse behandelt und weitergegeben wurden.

Altstadt 85 bis 94/95: Die Häuser sind aus dem 19. Jahrhundert und bestechen durch ihre individuelle Fassadengestaltung. Das ist das durchgängige Prinzip in der Alt- und der Neustadt: Jedes Gebäude hat sein ganz eigenes Gesicht, seine eigene Farbe, seine eigene Anmutung. Zusammen ergibt das ein Ensemble von großer Überzeugungskraft. Zwischen den Häusern 86 und 87 verläuft das enge Hauptwachgässchen, eine der Kleinst-Verbindungen im historischen Zentrum, die immer schon Fußgängerzone waren und die Gänge hinter der Kulisse von Alt- und Neustadt bilden. Das Hauptwachgässchen verbindet die Altstadt mit der Länd, der Isarpromenade und der Mühleninsel. Derlei Schleichwege gehören notwendig zur Infrastruktur eines Stadtkörpers, um Ordnungsfunktionen aufrechterhalten zu können.

Steil geht es hinauf von der Stadt auf die Burg. Vom Dreifaltigkeitsplatz zieht sich die Alte Bergstraße nach oben. An ihr wohnten zu Herzogszeiten die Handwerker und Beamten, die auf der Burg Dienst taten. Um zu ihrem hoch gelegenen Arbeitsplatz zu kommen, mussten sie schnaufen wie die Ochsen – deswegen heißt ein Fußweg zur Trausnitz im Volksmund denn auch „Das Ochsenklavier". Heute ist die Alte Bergstraße dafür berüchtigt, bei Starkregen sehr viel Dreck und Mergel in die Stadt zu schieben.

Direkt unter der Stadtmauer hindurch in den Hofberg hinein wurde von 1994 bis 1997 ein Skulpturenmuseum eingerichtet, das ganz dem Werk und Wirken des Bildhauers Prof. Fritz Koenig gewidmet ist. Auf 2200 Quadratmetern sind unter der Erde in Wechselausstellungen Plastiken und Grafiken Koenigs und Teile seiner Afrika-Sammlung zu sehen. Vor dem Museum liegt der Prantlgarten, einst beliebtester Biergarten der Stadt, heute Ort für kulturelles Freiluftgeschehen wie die Burgenfestspiele des Landestheaters Niederbayern.

Katholische Stadtpfarr- und Kollegiatskirche St. Martin und Kastulus (basilica minor) lautet der edle Name des ebenso wuchtigen wie filigranen Gebäudes. Die Martinskirche ist zusammen mit der Burg Trausnitz das eigentliche Wahrzeichen der Stadt und besitzt mit ihrem 130,6 Meter hohen Turm den höchsten Backsteinturm der Welt. Das zeigt den Stolz und das Selbstbewusstsein der Bürger, die das Sakralgebäude errichten ließen. Es ist eines der Hauptwerke der Spätgotik in Altbayern und geht an die Grenzen des statisch Möglichen. Mehrere Generationen von Baumeistern arbeiteten an ihm, das Errichten der Kirche dauerte von 1380 bis zum Beginn des 16. Jahrhunderts.

Stolz lugt er in die Höhe: Der Turm der Martinskirche ist in sieben Geschosse gegliedert, von denen die ersten vier viereckig, die restlichen drei sechseckig sind. Jedes Geschoss hat seine eigene Funktion. Der Turm beherbergt ein Uhrwerk, schwere Bronzeglocken in einem knorrigen Holzbalkengerüst, eine Türmerstube, allerlei Seilzüge und Hebegerätschaften und manch Falken-Pärchen. Die Legende sagt, die Bürger hätten den Turm so hoch bauen wollen, damit sie dem Herzog auf seiner Trausnitz in die Suppenschüssel schauen konnten. Wahrscheinlicher aber ist, dass sie die Münchner mit ihrer Frauenkirche, deren Türme 98 Meter hoch sind, übertrumpfen wollten.

Die Stadt war von Beginn ihrer Gründung an ein Wachstumskörper. Städte übten ihre Anziehungskraft vor allem auf jene Bevölkerungsteile aus, die Mobilität nicht scheuten und die Chance auf ein neues Leben suchten, und deshalb sogen sie viele Leute aus dem Umland an. In Landshut wurde das sumpfige Gebiet der Freyung 1338 als Neusiedelland ausgewiesen, für dessen Trockenlegung die Bewohner zehn Jahre von der Steuer befreit wurden. Heute ist die Freyung mit ihren meist zweigeschossigen Kleinhandwerkerhäusern eines der ruhigsten Quartiere mitten in der Innenstadt. Dominiert wird sie durch die Jodokskirche mit ihrem pittoresken Vorplatz. Sie war die zweite Stadtpfarrkirche Landshuts und orientiert sich von ihrer Architektur her an der Martinskirche. Kein Wunder: Hans von Burghausen und Hans Stethaimer waren, nachdem der erste Bau 1405 teilweise abgebrannt war, auch ihre Erbauer. Ihr Turm ragt 77 Meter hoch, ihre Innenausstattung ist neugotisch.
Neben der Kirche erstreckt sich das ehemalige Franziskanerinnenkloster Heilig Kreuz, das, um 1460 von Herzog Ludwig dem Reichen gegründet, 1802 säkularisiert wurde und heute vom Hans-Carossa-Gymnasium genutzt wird.

Die Isar prägte und prägt das Gesicht der Innenstadt, ihre Ebene war wohl auch schon vor der Stadtgründung im Jahr 1204 besiedelt. Früher ein reißender Strom mit vielen Armen, dessen Umland sumpfig und schwer zu bebauen war, ist sie heute übersichtlich in zwei Läufe geteilt, die eine Stadtinsel, die so genannte Mühleninsel, umarmen: die Große und die Kleine Isar. Dazwischen verläuft die Zweibrückenstraße, die mit ihren zwei Brücken die Altstadt mit der Abtei Seligenthal verbindet. Dort siedelten sich Handwerker an. Die Mühleninsel, ein grüner Naherholungspark mitten in der Innenstadt, war von 1898 bis 1978 Standort der Vereinigten Kunstmühlen, die dann wegen äußerst umstrittener Neubauabsichten am Innenstadtstandort nach Ergolding umzogen.
Danach wurde die Mühleninsel begrünt, es entstanden ein Parkhaus und neue Fußgängerstege.

Genutzt wurde die Isar schon immer als Energielieferant: Ludwigswehr (Bild oben) und Maxwehr zapfen ihren Lauf an. Daneben befindet sich das Gasthaus „Zur Insel" mit einem der zahlreichen Landshuter Biergärten. Im Gotischen Stadel auf der Mühleninsel ist zeitgenössische Kunst zu sehen.

Das Kloster Seligenthal wurde im Jahr 1232 vor der Stadt als Zisterzienserinnenkloster gegründet. Stifterin war die Herzogswitwe Ludmilla im Gedenken an ihren Gatten Ludwig den Kelheimer. Der hatte Landshut gegründet und war 1231 in Kelheim ermordet worden. Das wittelsbachische Hauskloster diente von da an als Grablege der niederbayerischen Herzöge, 42 Mitglieder der Fürstenfamilie wurden dort bestattet. Das Kloster wurde 1803 säkularisiert und 1835 mit besonderem Erziehungs- und Bildungsauftrag vom Klostererneuerer König Ludwig I. wieder hergestellt. Noch heute beherbergt es Schulen und einen Kindergarten. Seligenthal ist derzeit das größte Zisterzienserinnenkloster der Welt. Feste Beziehungen gibt es zu Tochterklöstern wie beispielsweise das Colegio Ave Maria im bolivianischen La Paz, das Valle Feliz in Ecuador und das Kloster Helfta in der Lutherstadt Eisleben. Ältester Bauteil der Anlage ist die Afra-Kapelle, die im Kern romanisch ist. Neu sind die Zellengebäude rechts. Dominiert wird die Anlage von der Klosterkirche, an die sich, einen Hof bildend, verschiedene Klostergebäude anschließen. Konventgebäude umsäumen den Kreuzgang. In der Mitte links sieht man den kleinen Turm der Klosterküche.

Das „Hallooo!“ der Langmähnigen

Alle vier Jahre überwölbt ein stolzer, fröhlicher Ruf die Stadt, den man noch in den Himmel hinauf hört, in dem unsere Cessna gleitet: Ein lautes „Hallooo!“ ist aus 1000 Kehlen zu vernehmen; so grüßen sich die Leute aus dem Mittelalter und ihre Besucher aus dem Heute. Dieses „Hallooo!“ ist das Erkennungszeichen eines großen historischen Festes, das die Landshuter alle vier Jahre organisieren. Seit 1903 stellen sie die berühmte Fürstenhochzeit aus dem Jahr 1475 zwischen dem Wittelsbacher Herzog Georg und der polnischen Königstochter Hedwig nach, zu der viel Prominenz aus dem Heiligen Römischen Reich erschienen war, an ihrer Spitze Kaiser Friedrich III. Das prächtige, aufwändige Historienspiel mit über 2000 Mitwirkenden in historischen Gewändern ist eine Attraktion für unzählige Touristen, die fasziniert sind von diesem Spektakel mit Festzügen, Turnieren, Tanzspielen, nächtlichem Lagerleben und Mittelalterszenen überall in der Stadt, garniert von lautem „Hallooo!“. Und natürlich ein Riesen-Spaß für alle Mitwirkenden. Eine Stadt in vierwöchigem Ausnahmezustand.

Schon vorher ist die Spannung groß, wer Prinz, wer Prinzessin wird. Die Ritter üben ihre Lanzenkämpfe und Ringelstecherwettbewerbe in Geheimtrainings. All jene, die die Aristokraten verkörpern, üben immer wieder ihre anmutigen Tanzschritte, die Bürger ihr Hochzeitsspiel. Viele Musikantengruppen, unter ihnen die vielstimmigen Landsknechte, proben ihre Lieder und Melodien. Die Kostüme werden ausgegeben an Pagen und Edeldamen, an Zigeuner und die vielen Kinder, an geschickte Fahnenschwinger und seltsame Moriskentänzer. Und dann kommt der Tag, an dem zum ersten Mal satt und prall das „Hallooo!“ erklingt und eine Feier beginnt, die wenig Pausen kennt.

Der Veranstalter dieses gigantischen Trubels, der Verein „Die Förderer“, legt Wert auf möglichst originalgetreue Ausstattung der Landshuter Hochzeit. Die Organisatoren nehmen die historische Innenstadt als Kulisse für ein historisches Fest, bei dem so wenig wie machbar den geschichtlichen Eindruck stören soll. So viel wie möglich soll so sein, wie es damals war. Brilletragen beispielsweise ist tabu. Männer und Frauen haben sich Monate lang die Haare wachsen zu lassen, weil damals alle lange Mähnen trugen, und es ist vergnüglich zu sehen, wie selbst in Banken und Ämtern plötzlich langhaarige Männer ihren Geschäften nachgehen. Während der Hochzeit haben viele Urlaub genommen. Andauerndes Feiern kann auch ein wenig anstrengend sein. Das nächste „Hallooo!“ ist übrigens im Jahr 2013 zu vernehmen. Wir haben den Laut gehört und fliegen weiter.

Zu den Höhepunkten des historischen Festspiels gehören die Turniere zu Pferde. Dann gibt es allerlei Geschicklichkeitsübungen hoch zu Ross. Tapfere Landshuter treten mit Lanzen gegeneinander an, eine durchaus gefährliche Angelegenheit, bei der sich Darsteller immer wieder auch Verletzungen zuziehen. Aber ebenso wie einst gehört es auch für die Heutigen zum Prestige, als Ritter Mut zu beweisen und in eiserner Rüstung mit langen Spießen aufeinander los zu galoppieren. Die originalen Turniere wurden übrigens 1475 mitten in der Altstadt ausgetragen, auch der Bräutigam selbst ritt mit. Eine mutige Entscheidung, aber man will sich ja schließlich nichts nachsagen lassen ...

Heute ist die Altstadt fest in den Händen der Festgäste. Viele sind schon Stunden vorher da, um sich einen möglichst guten Platz zu ergattern, oft ausgestattet mit vielfältigen Erfrischungen und Erquickungen. Und ganz allmählich beginnt eine Zeitreise, bei der das altehrwürdige Gebäudeensemble zur passenden Kulisse wird. Einst und heute ist das Fest ein gesamteuropäisches: In der alten wie in der neuen Zeit kamen und kommen die Gäste von überall her. Die politische Bedeutung der Landshuter Hochzeit war 1475 auch die eines klaren Signals nach außen: Das polnisch-bairische Heiratsbündnis sollte auch den Bündniswillen aller christlichen Staaten gegen das nicht nur von Polen und Bayern als bedrohlich empfundene Osmanische Reich betonen.

LANDSHUTER ZEITUNG
Tchibo
WISSMACH
LÖWEN APOTHEKE

Bunt sind die Fahnen der Fahnenschwinger, eine der vielen Attraktionen während des Festes in Frohsinn und Kostüm. Sie sind Bestandteil der sonntäglichen Züge durch die Alt- und die Neustadt. Bis zu 100.000 Zuschauer sind mit dabei, wenn Menschen in so originalgetreuer Aufmachung wie es irgend geht das 15. Jahrhundert wieder auferstehen lassen. Im Zug rund um Braut und Bräutigam mit ihrem zahlreichen, prächtigen Hofstaat ziehen Kaiser Friedrich III., Fürsten, Edelleute, Bürger, Musiker, Tänzer, jede Menge Kinder, singende Landsknechte mit ihren Marketenderinnen mit. Zwei Mal ziehen sie an den Zuschauern vorbei, hin und wieder zurück.

Der Stadtnorden: Dort, wo die Stadt wächst

Ein Flug Richtung Norden: Wir blicken in Richtung Zukunft. Wir sehen vor allem viel neue Wohnquartiere, Industrie, das Klinikum und moderne Verkehrsinfrastruktur. Noch bevor die Stadt in den 1970er-Jahren in die Breite wuchs, war der Norden mit den Vierteln Nikola, Wolfgangsiedlung und Industriegebiet dasjenige Areal, mit dem die Stadt auf die Herausforderungen nach dem Zweiten Weltkrieg reagieren konnte. Wolfgang zwischen Weltkrieg und Wachstum: Der Norden ist intensiv verwoben mit der Lokalgeschichte von den 1940er- bis in die 1960er-Jahre, und er ist darüber hinaus Hort neuer Industrieansiedlungen von BMW bis zum neuen, modernen Schlachthof. Wenn die historische Innenstadt stets das Herz der Stadt war, so ist der Norden zunehmend der Körper der Nachkriegsstadt geworden, in dem viele lebenswichtige Organe lagen. Heute ist das Nikola-Viertel, der erste mit Industrie durchsetzte Bauch Alt-Landshuts, innerstädtisches Sanierungsgebiet im Rahmen des bundesweiten Projekts „Soziale Stadt".

Wenn wir uns mit dem Norden beschäftigen, müssen wir auch ein wenig in die Vergangenheit vordringen, zurück zum 19. März 1945, als die Bomber kamen, 476 B-17-Bomber insgesamt. Augenzeugen berichten von einem schrecklichen 84-minütigen Bombenangriff, 177 Einwohner fielen ihm zum Opfer. Angriffsziel war der Bahnhof, um die Infrastruktur zu zerstören, betroffen aber waren auch die Wohnquartiere in der Wolfgangsiedlung und im Nikola-Viertel. 600 Wohnungen wurden zerstört.

Wie eine damals zehnjährige Bewohnerin des schwer betroffenen Wolfgangsplatzes erzählt, haben die Bewohner ihres Hauses mit Genossenschaftswohnungen im Keller überlebt – und nach dem Angriff realisiert, dass ihr Haus bis auf Glasbruch als einziges völlig unversehrt geblieben war. Alle anderen Gebäude im Umkreis waren vernichtet, überall gab es Tod, Verwundung und Zerstörung. Diese Zerstörungen und das Requirieren von Landshuter Gebäuden im Rahmen des Housing-Programms der amerikanischen Armee nach Kriegsende führten zu einem enormen Mangel an Wohnraum für die Bevölkerung nach dem Zweiten Weltkrieg.

Diese Notlage an Wohnkapazitäten war schon seit dem Ersten Weltkrieg ein großes Problem in einer Stadt, die sich bis zur Gebietsreform in den 1970er-Jahren auf relativ engem Raum zusammendrängte und deren Wachstum in den Zeiten von Modernisierung, Industrialisierung und Verstädterung der Bevölkerung diesen Entwicklungen kaum nachkam. Dazu kamen in den 1940er-Jahren viele Flüchtlinge, zuerst die so genannten „Ausgebombten" und Kinder aus der Kinderlandverschickung, dann die Flüchtlinge und Vertriebenen aus dem Osten. Ein gewaltiges Bevölkerungswachstum kam auf die Stadt zu – und wie sich zeigte, konnten neben anderen Quartieren vor allem die Wolfgangsiedlung und das Nikola-Viertel viele Neubürger aufnehmen. Und um jenen Neusiedlern Lohn und Brot zu geben, wurde ansiedlungsfreudigen Firmen und Betrieben das Industriegelände zur Verfügung gestellt.

So gesehen ist der Norden tatsächlich der Wachstumsträger der Nachkriegszeit. Platzbedarf war da. Notwendig war eine bis 1960 kommunal gelenkte Wohnraumbewirtschaftung, zunächst auch mit finanziellen Zwangsabgaben wie dem „Aufbau-Zehnerl" und einem Notgroschen. Noch Mitte des Jahres 1959 waren beim Landshuter Wohnungsamt 3134 Wohnungssuchende registriert. Damals wie heute bot die Wolfgangsiedlung Platz für Neubürger. Derzeit wächst das Viertel wieder kräftig und zwar auf einem Gelände, das einst für eine Landesgartenschau vorgesehen war: Dort blüht jetzt der Hausbau.

Der Alte Schlachthof ist mit seinem unter Denkmalschutz stehenden Turm Vorsteher des Nikola-Viertels, das sich hinter ihm ausbreitet. Dieses Viertel war lange der erste Erweiterungsgürtel der Innenstadt mit Betrieben wie ITT Schaub Lorenz oder Roederstein, Gewerbe und Wohnbau. Viel davon ist inzwischen weiter gezogen oder untergegangen, das Nikola-Viertel ist als Bestandteil des Projekts „Soziale Stadt" eine städtebauliche Herausforderung und Spielwiese gleichermaßen geworden. Wir blicken

Turm, Einfahrtshalle (links) und Verwaltungshalle (rechts oben) des Alten Schlachthofs stehen unter Denkmalschutz. Neue Gebäude sind inzwischen dazugekommen. Dort, wo einst Rinder und Schweine zerlegt wurden, sind schon verschiedene Formen neuer Nutzungen vorgeschlagen, geplant oder im Versuch gewesen, bisher allerdings ohne größeren Erfolg. Neben einem Areal für Kultur oder für das Stadtarchiv wurde die Halle auch zu einer Markthalle umfunktioniert mit in erster Linie

Von Landshut aus gehen Züge in Richtung München, Regensburg/Nürnberg, Passau und Rosenheim. Die erste Gleisanbindung bekam Landshut 1858, nach München. Der Hauptbahnhof wurde an seinem heutigen Ort, der verhältnismäßig weit vor der Innenstadt liegt, im Jahr 1880 errichtet. Er wurde am 19. März 1945 durch einen Luftangriff zerstört. Das heutige Gebäude wird seit dem 19. März 1954 genutzt. Vor dem Bahnhof befinden sich der Zentrale Busbahnhof und ein Knotenpunkt der städtischen Buslinien. Davor verläuft auf der Berliner Brücke der Autoverkehr der B 15.

Zubringerstraße zum Bahnhof und wichtige Straße im Innenstadtverkehr ist die Seligenthaler Straße mit ihren ansehnlichen, oft aber renovierungsbedürftigen Stadthäusern. Diese Straße ist, wie das Nikola-Viertel, Bestandteil des Projekts „Soziale Stadt", bei dem es im Auftrag des Freistaats darum geht, lebenswerte Stadtquartiere zu schaffen oder zu bewahren. Das Viertel, das seinen Namen von der Kirche St. Nikola bekam, ist charakterisiert von seinen Häusern aus der Zeit des Historismus, durchsetzt mit Industriebauten, neuem Wohnbau und Einrichtungen wie der Seniorenresidenz.

Landshut hat eine künstliche Mulde, die die Innenstadt in einem sanften Bogen umrundet, beginnend im Stadtwesten gegenüber dem Kraftwerk Uppenborn. Sie umschwingt den Westen und das Nikola-Viertel, nimmt in Löschenbrand den Bachlauf der Pfettrach in sich auf und mündet bei Mitterwöhr in die Kleine Isar (siehe rechts). Die Flutmulde hat eine wichtige Funktion: Sie ist als eine Art Überlaufbecken dafür zuständig, bei Hochwasser die Abwasserfluten aufzunehmen und um die Innenstadt herum zu leiten, die früher immer wieder verheerende Überschwemmungen in die Stadt spülten. 1491, 1671, 1743, 1771, 1824, 1899 mit der Zerstörung von 350 Häusern, 1924, 1940: alles Jahre mit verheerenden Hochwassern. Der Fluss erinnerte sich immer wieder an seine Vergangenheit als Ungeheuer. Im Januar 1849 hatte Vereisung einen regelrechten Isar-See gebildet, eine Brücke wurde danach einfach fortgespült.

Hier trifft die Pfettrach wieder auf die Isar. Seit dem Ende des 19. Jahrhunderts bemühte sich die Stadt um Hochwasserfreilegung mit dem Bau von Dämmen, Kanalisation und Korrekturen des Isarlaufs. Ganz freilich war der Fluss dadurch immer noch nicht besiegt. Heute ist die Innenstadt weitgehend überflutungsfrei, dem Sylvensteinspeicher am Oberlauf und der Flutmulde sei Dank. Sie wurde in den 1950er-Jahren gegraben und erweist den Landshutern einen guten Dienst. Ihre Eröffnung war dramatisch: Sie war noch nicht ganz fertig, als im Juli 1955 ein dermaßen bedrohliches Hochwasser auf die Stadt zukam, dass am Abend des 7. Juli in aller Eile mit Hilfe eines amerikanischen Bulldozers ein Durchstich geschaffen wurde. Zwar musste man mit 20.000 Sandsäcken nachhelfen, die Flutmulde erfüllte aber bei dieser Wassertaufe ihren Zweck.

Die Flutmulde, von den Landshutern liebevoll „Fluggi" genannt, hat einen hohen Freizeitwert. Sommers wie winters ist sie ein beliebtes Sport- und Erholungsgelände zum Joggen, Radeln und Inline-Skaten. Auch Bolzplätze finden sich dort. Verlief die Pfettrach einst schnürlgerade durch die Flutmulde, wurde sie Ende der 1980er-Jahre renaturiert. Seitdem schlängelt sie sich wieder in pittoresken Schlaufen durch die Mulde, bewohnt von mancherlei Wassergeflügel und bestanden von Schatten spendenden Bäumen.

Die Struktur im Norden der Region ist geprägt von Industrieansiedlung. Bedeutend ist dabei das große BMW Werk Group Landshut vorn im Bild, das sich auf 320.000 Quadratmetern erstreckt und rund 3000 Beschäftigten Arbeit bietet. Das Werk breitet sich auf zwei Gemeindegebieten aus: Der Teil rechts gehört zu Landshut, der links zu Ergolding. Die Grenze bildet in der Mitte die Bundesstraße 299. Die Bahnlinie nach Regensburg und Passau, die in einem Bogen um das Industriegebiet führt, grenzt es ab von der Wohnbebauung der Bayerwaldsiedlung, die so heißt, weil viele ihrer Straßen nach Gipfeln des Bayerischen Waldes benannt sind. Im linken Hintergrund ist das Wohngebiet des Markts Ergolding.

Im März 1970 war nach längeren Grunderwerbsverhandlungen Baubeginn der ersten Produktionsstätten der Bayerischen Motorenwerke Group Landshut, Produktionsbeginn war am 5. Juli 1971. Seitdem gab es einen ständigen Aus- und Zubau von Hallen für verschiedene Fertigungsprozesse. Neuestes Fabrikat werden ab 2013 CFK-Karosseriekomponenten für ein Elektroauto sein. Wichtige Industrieansiedlungen in BMW-Nachbarschaft sind auf Landshuter Seite die Landshuter Lackfabrik, auf Ergoldinger Seite Rosenmehl: die Mühle, die von der Innenstadt-Mühleninsel dorthin zog.

Das süße Zentrum der Stadt: In der „Keks", wie sie heute noch bei den Landshutern heißt, werden von Brandt im Auftrag der Firma Milka die weltweit meisten Schokolade-Osterhasen und -Nikoläuse produziert. Insgesamt sind es pro Jahr 17.000 Tonnen Schokolade-Produkte, die dort auf 100.000 Quadratmetern hergestellt werden, von Dragees bis Cerealien-Snacks. Generationen von Bayerwaldsiedlern kennen die Appetit machenden Gerüche früherer Produktionszeiten und die Freude an kostenlosem Bruchkeks und Bruchschokolade.

Vielfältig und geschäftig ist die Gewerbelage im Industriegelände beispielsweise zwischen Otto- und Liebigstraße.

Der Stadtosten: Viel Raum für Neues

Modernes und Historisches, Naherholung und Fortbildung: Der Stadtosten hat viel eigenständige Geschichte und dient der Stadt als Expansionsraum in die Zukunft. Von alten Burgställen bis zum hochmodernen Messepark mit seinem Messeturm schweift der Blick von oben. Im Osten befinden sich Kläranlage und Müllentsorgung, das Naherholungsgebiet Gretlmühle mit seinen Badeseen und ein 278,5 Hektar großes Naturschutzgebiet mit seltenen Tier- und Pflanzenarten, Hochschule, Agrarbildungszentrum und Sparkassenakademie, das einstige Schochkasernenareal als Standort für Gewerbe- und Wohnbau, Sport- und Freizeiteinrichtungen am Isarspitz, die Ortsteile Schweinbach und Auloh, intensive Wohnbebauung in Mitterwöhr und Peter und Paul: Es war in der Zeit der Gebietsreform, 1972 und 1974, als der Stadtosten zu Landshut kam. Eine Art Wachstumsbeschleunigungsmaßnahme. Denn die Stadt war sich längst zu klein geworden, auch Versorgungseinrichtungen musste man damals schon jenseits der Ortsgrenzen bauen. Nur St. Peter und Paul gehörte schon zur Stadt und größere Teile des zwischen den beiden Isararmen gelegenen Mitterwöhrs: Dort erstreckte sich Wohnbebauung, die nach dem Krieg den vielen Neubürgern eine neue Heimat bot. Während Landshut im September 1939 an die 31.000 Einwohner zählte, waren es im Mai 1945 47.000. Dem gegenüber standen 2980 Wohngebäude mit 9079 Wohnungen. Fliegt man über St. Peter und Paul, kann man erkennen, wie wichtig der Wohnbau in den 1950er- und 1960er-Jahren war: Haus drängt sich an Haus, und selbst die Straßennamen zeigen oft auf, woher die Neubürger kamen: Danziger Straße, Kattowitzer Straße, Karlsbader Straße. Aber jetzt war wieder Fläche da mit den eingemeindeten Orten Frauenberg und Schönbrunn. Frauenberg war und ist, das zeigt sich, wenn wir darüber hinweg fliegen, ländlich und landwirtschaftlich geprägt, im Zentrum des alten Ortskerns steht die Wallfahrtskirche Maria Heimsuchung aus dem Jahr 1470. Die Gegend war schon in der Jungsteinzeit besiedelt, wie Werkzeugfunde wie Silex-Messer und -Schaber beweisen. Erstmals urkundlich erwähnt ist Frauenberg 1295/1298; 1355 nennt man es „Unser Frauen Perg", wohl weil es dem Kloster Seligenthal zu eigen war. Auf den Isarhangleiten standen auch zahlreiche Burgen. Auf der Burg Wolfstein bei Frauenberg wurde der letzte Staufer Konradin geboren.

Wohnen in viel Natur: Mitterwöhr ist von zwei Isararmen umgeben.

Schönbrunn und das ebenfalls noch ländliche Schweinbach liegen näher an der Stadt. Dieser Ortsteil ist stark geprägt von den Arealen der ehemaligen Schochkaserne und dem einstigen Truppenübungsplatz. Während dieser inzwischen ein überregional bedeutsames Naturschutzgebiet geworden ist, ist jene eine Chance für die Stadt, sich weiter zu entwickeln, neue Bewohner, Betriebe und Behörden anzusiedeln. Die Hochschule, das Agrarbildungszentrum und die Sparkassenakademie sorgen für die Ausbildung des Nachwuchses und machen Landshut zu einer gefragten Hochschulstadt.

KINOPOLIS

An der Nahtstelle zwischen der alten Bausubstanz und dem Osten der Stadt mit all seinen kommunalen Einrichtungen wurde im Jahr 2003 ein neues architektonisches Scharnier eingeweiht: Das City Center Landshut mit rund 50 Läden und einem Multiplex-Kino. Eingefasst ist es von einem als Rechteck mit großzügigem Innenhof konzipierten Neubau der Sparkasse, einer nahezu dreieckigen Laden- und Gewerbeinheit und einem leicht gebogenen Wohn- und Gewerbegebäude, das im Volksmund „Die Banane" heißt.
Das alte Landshut steht als guter Nachbar da: Oben liegt das Ursulinenkloster mit seinen schulischen Einrichtungen. Das ziegelrote Gebäude in der rechten Bildmitte ist der Rottenkolber-Stadel aus dem 16./17. Jahrhundert, der das „kleine theater – Kammerspiele Landshut" beherbergt, das zweite Theater neben dem Stadttheater als Bühne vor allem für zeitgenössische Produktionen.

Kuschelig sommers wie winters ist die Wohnbebauung an der Schützenstraße, Fördererstraße und Niedermayerstraße. Nach und nach sind dort von den Zeiten nach dem Krieg bis in die 1970er-Jahre Wohnblöcke entstanden, die vor allem Neu-Landshutern ein Zuhause boten. Die Blöcke ergeben heute ein recht einheitliches Bild gewachsenen Wohnbaus und sind ein in sich geschlossenes Quartier. Sie sind Stein gewordener Ausdruck einer der Kernthesen des Landshuter Alt-Oberbürgermeisters Josef Deimer, die besagt, dass eine Stadt sich trotz aller damit zusammenhängender Probleme nur durch ständigen Zuzug neuer Bürger lebendig erhält, offen und lebensfähig bleibt. Deshalb hat Deimer stets auf den Wohnbau und die Neuansiedlung von Bürgern sein besonderes Augenmerk gelenkt.

Benannt ist das Viertel nach dem ehemaligen Städtebaurat Max Niedermayer, der sich mit derlei Gedanken auch schon hat befassen müssen. Die ständige Wanderungsbewegung vom Land in die Stadt und die Ansiedlung von Menschen im Exil war zur Geburtszeit Landshuts ein wesentlicher Faktor ihres Wachstums und ist es seit der Zeit der Industrialisierung wieder. Wohnquartiere wie das Niedermayerviertel dienen als erste Anlaufstation einer Stadtbevölkerung, die sich etwa alle drei Generationen erneuert. Heute geht die Diskussion vor allem darum, ob es notwendig ist, in einer Stadt ständig neuen Wohnraum auszuweisen oder die alten Kerne für neue Bevölkerung zu verdichten und durch Modernisierung wieder attraktiv zu machen. Vor allem ältere Menschen kehren zunehmend in die Innenstädte zurück.

Der Hauptfriedhof in seiner wohl proportionierten dreieckigen Anlage war ursprünglich ein Armen- und Militärfriedhof, bevor er im Jahr 1805 zur städtischen Begräbnisstätte wurde. Damals waren die Pfarrfriedhöfe aufgelassen worden. 1818 wurde er ummauert, die Friedhofskapelle stammt aus dem ersten Viertel des 19. Jahrhunderts. Der Friedhof beherbergt zahlreiche neugotische und klassizistische Grabmale alter Landshuter Familien. Heute dient der Nordfriedhof bei Achdorf als zentrale örtliche Grablege.

An der Christoph-Dorner-Straße befinden sich einige wichtige Einrichtungen wie das Magdalenenheim (Mitte). Es gilt als besonders idyllisch gelegenes Altenheim. Im Kern stammt es aus der ersten Hälfte des 18. Jahrhunderts und war als Krankenhaus errichtet worden; später diente es als Armenhaus. Oben schließt sich das zentrale Verwaltungsgebäude der Stadtwerke an, unten die Staatliche Realschule.

Zwischen Großer und Kleiner Isar liegt Mitterwöhr als östliche Fortsetzung der Mühleninsel. Mitterwöhr ist gekennzeichnet von Wohnbebauung, viel Grün und viel Erholungsfläche wie der Schrebergartenkolonie, den Sportstätten, dem Campingplatz und der Minigolfanlage.

Die Konrad-Adenauer-Straße, die wegen ihrer Planung auch für Militärfahrzeuge der nahe gelegenen, inzwischen aufgelassenen Schochkaserne bei Landshutern auch als „Panzerstraße" bekannt ist, ist eine der wichtigsten Ortsumgehungsstraßen der Stadt und bündelt den Verkehr aus Norden in den Süden. Allerdings sind die Ende der 1960er-, Anfang der 1970er-Jahre gebauten Isarbrücken und die Bundesstraße 299 inzwischen Nadelöhre mit hoher Staugarantie geworden. Klagen der Anwohner über die hohe Lärm- und Abgasbelastung sind seit Jahren ein Dauerthema.

Schon heute eines der architektonischen Wahrzeichen auf dem ehemaligen Schochkasernenareal ist der Neubau der Landwirtschaftlichen Berufsgenossenschaft Landshut mit 63.000 Kubikmetern an umbautem Raum und einer gebogenen Stahlbeton-Holz-Glasfassadenkonstruktion.

Die zentrale Messe in der Region ist die Niederbayern-Schau, eine Fachmesse aus verschiedensten Branchen von Landwirtschaft bis Touristik. Rund 650 Aussteller präsentieren sich ihren rund 110.000 Besuchern. Präsentiert wird die Schau seit 2003 auf dem neuen Messegelände, der ehemaligen Schochkaserne. Es ist mit seinen 70.000 Quadratmetern Teil eines großen Geländes, das von der Bundeswehr aufgegeben wurde und jetzt der Stadt als Entwicklungs- und Wachstumsgebiet für die Neuansiedlung von Betrieben, Behörden, Geschäften und Wohnbevölkerung zur Verfügung steht. Ein Teil davon ist das Messeglände mit 1000 Parkplätzen, der Sparkassen-Arena und dem 70 Meter hohen Messeturm. Neben der Niederbayern-Schau finden auf dem Gelände Ausstellungen statt wie die Umweltmesse und die Bayern-Bau.

Am Lurzenhof in Schönbrunn drängen sich Bildungseinrichtungen. Die Hochschule (links) wurde 1978 gegründet und hat aktuell 3200 Studierende in den Fachrichtungen Betriebswirtschaft, Elektrotechnik und Wirtschaftsingenieurwesen, Maschinenbau, Soziale Arbeit und Informatik. Das Agrarbildungszentrum hat Wurzeln bis ins Jahr 1854 und ist eine Einrichtung des Bezirks. Hier gibt es einen ökologisch bewirtschafteten landwirtschaftlichen Lehrbetrieb, eine Landmaschinenschule, Staatliche Fachschulen für Agrarwirtschaft der Fachrichtungen ökologischer Landbau und vieles mehr.

Die Sparkassenakademie dient dem Sparkassenverband Bayern auf einem Gelände von rund 100.000 Quadratmetern für Fortbildung, Seminare und Tagungen. Sie hat 30 Konferenzräume, 436 Einzelappartements und diverse Einrichtungen für körperliche Fitness wie Tennisplätze und Schwimmbad.

Wer als Landshuter an heißen Sommertagen an das Wort Gretlmühle denkt, dem wird gleich um zwei Grad frischer. Neben der Schwimmschule sind die Baggerseen hitzig begehrter Ausflugspunkt, 8,5 Kilometer vom Stadtzentrum entfernt. Einer der Seen ist seit dem Juli 1981 offiziell für den Gratis-Badebetrieb frei gegeben und kindergerecht ausgebaut: Die Kleinen können an der Badebucht im Flachen nach Herzenslust planschen. Liegewiesen, Toiletten und ein Kiosk ergänzen die sommerliche Pracht.

Südlich der Isar schiebt sich das tertiäre Hügelland nach oben. Von dieser Landschaftsformation geprägt ist auch seit September 2001 das 278,5 Hektar große Naturschutzgebiet auf dem ehemaligen Truppenübungsplatz zwischen Schönbrunn und Stallwang. Die Einrichtung dieses Naturschutzgebiets war ein großer Erfolg des Bund Naturschutz.

Das Naherholungsgebiet Gretlmühle erstreckt sich auf 540.000 Quadratmetern, der Badesee (unten Mitte) mit Nichtschwimmerbucht hat 57.000 Quadratmeter, Liege- und Spielwiesen haben 62.000 Quadratmeter. Rechts des Badesees liegt der private Lanzinger Weiher, der sich als inoffizieller Nacktbadeweiher etabliert hat. Das Gewässer links ist der Surfweiher. Oben ist der Weiher der Familiensportgemeinschaft Isar e.V., der zugleich vom Angelsportverein genutzt wird.

Der Stadtsüden: Zwei alte Siedlungskerne

Hofberg und Achdorf sind die ersten beiden größeren Gebiete, die 1926 in das Stadtgebiet eingemeindet wurden – und dennoch sind sie jene beiden Viertel, die sich bis heute ihre Eigenständigkeit am meisten bewahrt haben. Dabei ist der Hofberg heute der wohl privilegierteste Stadtteil Landshuts. Er ist beliebt als Wohnstatt der gehobenen Gesellschaftsschichten, ist nach wie vor eine in sich abgeschlossene Einheit und Heim einer Gruppe der Stadtinsassen, die sich des Rufs besonderer Individualität und eines gewissen Eigensinns erfreut. Vielleicht kommt das daher, dass der Hofbergler es sich kraft seiner topografisch hervorgehobenen Wohnlage angewohnt hat, auf den Rest Landshuts hinunterzuschauen. Oft liegt in Frühjahr und Herbst das Stadtgebiet in dichtestem Isar-Frühnebel, während oben auf dem Berg, rund um die Pfarrkirche Heilig Blut und das Adelmannsschloss, die Sonne scheint. Immer noch beherrschen weitläufige, glücklicherweise unbebaute Flächen wie das Tal Josaphat das Bild eines erhobenen, erhabenen Stadtteils, der neben dem 1680 gebauten Schloss und der Mitte des 15. Jahrhunderts errichteten Kirche Landshuts immer schon höchsten Punkt – die Weickmannshöhe –, das weitläufige Parkareal des Hofgartens und eine hochmoderne Justizvollzugsanstalt birgt. Weiter nach Süden geht der Berg über ins Salzdorfer Tal. Nachweislich war die Anhöhe schon vor der Stadtgründung bewohnt.
Zweifellos prägend für das Bild des Hofbergs ist die Trausnitz. So heißt die Burg erst seit dem 16. Jahrhundert, vorher trug sie den Namen der Stadt. Beeindruckend sind ihre Gebäude zur Stadtseite hin, durch die sie ihre architektonischen Muskeln spielen lässt: Dürnitz, Palas, Wittelsbacher Turm. Sie war Stammsitz der Wittelsbacher, die sie immer wieder aus- und umbauten. Minnesänger wie Walter von der Vogelweide hielten sich dort auf. Lebendig ging es zu auf einer Burg, in der man das Biertrinken per Hofordnung einschränken musste und Forscher vor nicht allzu langer Zeit uralte Spielkarten fanden. In späteren Jahrhunderten war die Trausnitz Wollzeug- und Seidenmanufaktur, Kaserne und Cholerahospital. Der Tiefpunkt kam am 21. Oktober 1961, als große Teile der Innenausstattung der Burg verbrannten. Heute beherbergt sie eine Wandteppichsammlung, Teile des Bayerischen Hauptstaatsarchivs und eine Kunst- und Wunderkammer in Anlehnung an fürstliche Kammersammlungen des 16. Jahrhunderts.
Der Ortsteil Berg war lange Jahre eine grundherrschaftliche Hofmark, ab 1803 bildete sich die Gemeinde Berg ob Landshut. Am 31. Januar 1926 stimmten 67 Prozent von 1032 Hofberglern für die Eingemeindung ins Stadtgebiet, am 1. April wurde der Berg seiner Unterstadt einverleibt, am selben Tag, als auch ein zweites Landshuter Urdorf und späteres Hofmarksgebiet zum Stadtkörper dazuwuchs: Achdorf nämlich. Auch dort blieb Sonderbewusstsein erhalten, man pflegt stark das Vereinsleben. Eine örtliche Sage benennt, wie der Ort zu seinem Namen gekommen sei: Keinem anderen als Jesus Christus soll bei einer seiner Wanderungen durch die Welt von einem ortsansässigen hungrigen Tagelöhner ein frisch ausgebackenes Schmalzküchel entrissen und geraubt worden sein, worauf dem Heiland nur noch ein Seufzer einfiel: „Ach, Dorf!" Tatsächlich aber rührt der Name wohl vom indogermanischen Wortstamm „aha" her, der Wasser bedeutet.
In Achdorf befinden sich als Einrichtungen des Landkreises Landratsamt und Kreiskrankenhaus. Die Hofmarksherren Achdorfs mit ihrer Angel im Wappen saßen in einem kleinen, heute als Ruffinischlössl bekannten Adelssitz und waren schon im späten Mittelalter recht berühmte Leute: „Die Achdorffer mit dem Angel – haben der Ehren keinen Mangel."

Da thront sie, trutzig und mächtig: Die Burg Trausnitz ist im Kern mittelalterlich und stammt aus der Gründungszeit der Stadt 1204, viele Bauteile sind aber aus dem 16. Jahrhundert, als die Renaissance-Fürsten Ludwig X. und Wilhelm V. die Burg umgestalten ließen. Grabungen haben einen Vorgängerbau ergeben. Die Burg war seit 1255 der Stammsitz der niederbayerischen Wittelsbacher bis zu deren Aussterben im Jahr 1503. Die Trausnitz ist ein mächtiges Bollwerk mit einem äußeren, mehrfach getürmten Mauerring und einem inneren Baukörper, der sich um einen Burghof gruppiert. 1634 ist sie während des Dreißigjährigen Kriegs von den Schweden erobert worden. Prägend sind die Alte Dürnitz, die der Stadt die breite Brust des Baukörpers zeigt, und rechts anschließend, mit bayerischer Fahne beweht, der Fürstenbau. 1961 sind weite Teile der Innenausstattung ausgebrannt. Heute beherbergt die Burg eine Schatz- und Wunderkammer und Teile des Staatsarchivs.

Die innere Burganlage ist ein massives, kompaktes System: Ganz links verläuft die äußere Mauer mit (von oben) Wasserturm, Mauerturm und Münzturm. Daneben befinden sich der Fürstenbau und der vorspringende Italienische Anbau mit der kuriosen Narrentreppe. Damit verbunden ist mit einer Mauer der Wittelsbacher Turm. An den Fürstenturm schließen sich oben Georgskapelle, Dürnitzbau und Söller an, dann folgt rechts der Damenstock. Nach unten hin folgt der ursprünglich mit einer Zugbrücke versehene Torbau, vor ihm sind rechts der Löwengraben und links der Hühnergraben. Dann schließen sich bis zum Wittelsbacher Turm noch Pfaffenstöckl, Schlosspflegerhaus und Brunnenhaus an. Rechts unten ist das Hofstallgebäude zu erkennen, in dem heute die Burgverwaltung sitzt.

Auf Augenhöhe: Burg Trausnitz und Martinskirche beherrschen das Bild Alt-Landshuts. Sie sind die Repräsentanten der beiden bestimmenden Mächte der Stadt: Herzog und Bürger. Beide brauchten einander, standen sich manchmal aber auch in offenem Streit über ihren Einfluss auf die Stadt gegenüber.

Ein beliebtes Ausflugsziel oberhalb der Stadt ist der Hofgarten auf seinen 27 Hektar Grünfläche mit insgesamt 6,5 Kilometer langen Spazierwegen, einem Spielplatz und einem kleinen Zoo mit Rehen, Meerschweinchen, Ziegen, Ziergeflügel und Greifvögeln. Im Zentrum der Beliebtheit steht nach erfolgreicher atemraubender Hofbergbesteigung der berühmte Entchenteich (unten Mitte). Der Hofgarten gehörte ursprünglich zur herzoglichen Hofhaltung und wurde 1827 von der Stadt gekauft.

Großzügig geplante und gebaute Häuser prägen das Bild rund um Brühfeldweg, Weinzierlstraße und Preßgasse. Um die Gebäude findet sich viel Grün: Schon längst ist die Tier- und Pflanzenvielfalt in den Städten größer als auf dem Land mit seinen agrarischen Monokulturen.

Durch Achdorf hindurch führt das Bahngleis in Richtung Vilsbiburg, Mühldorf und Rosenheim, eine der idyllischsten Bahnstrecken Bayerns. Schon in Achdorf fängt die Idylle an. Über dem Stadtviertel liegt eine erstaunliche Schicht der Gelassenheit. An der Bahnlinie angesiedelt hat sich die Brauerei Wittmann, neben dem Landshuter Brauhaus eine der beiden letzten der früher recht zahlreichen Brauereien auf dem Stadtgebiet. Die Brauereitradition geht zurück auf das Jahr 1616. Wittmann ist aus den Brauereien Heiß und Dräxlmeier zusammen gewachsen und produziert heute auf seinem Gelände jährlich rund 100.000 Hektoliter Bier und alkoholfreie Getränke.

Der Hofberg mit seinen hauptsächlich Einfamilien- und Reihenhäusern gilt im allgemeinen als dasjenige Stadtviertel, in dem die eher betuchteren Landshuter ihr Domizil aufschlagen. Ein Wohnquartier ist die Straßenschlaufe der Wilhelm-Hauff-Straße, die an das Landschaftsschutzgebiet des Tals Josaphat grenzt.

Wohnbebauung am Adamweg: Auf einem herausgehobenen Bergabsatz des Hofbergs befindet sich ein Wohnblock vom Anfang der 1970er-Jahre, der schon zur Zeit seiner Errichtung für erhebliche Diskussionen gesorgt hat. In der damaligen Zeit waren derlei Anlagen der letzte Schrei, heute empfindet man solche Wohnburgen eher als unsensibel in die Landschaft gepflanzt.

April 2008 wurden am Rand des Hofbergs in Berggrub auf 7,2 Hektar eine neue Justizvollzugsanstalt und eine Jugendarrestanstalt eröffnet. Dem waren zehnjährige Planungen und Bautätigkeiten vorausgegangen. Zunächst war eine Diskussion um die Notwendigkeit eines neuen Gefängnisses zu führen. Weil sich aber zeigte, dass die alte JVA im Ortskern, 1906/07 gebaut, viel zu eng, unsicher und marode geworden war (Häftlinge konnten Mauerteile mit Suppenlöffeln wegkratzen), wurde ein neues Hochsicherheitsgefängnis beschlossen. Der Neubau zog sich wegen einiger Firmeninsolvenzen und notwendiger Umplanungen in die Länge. Er kostete 72,4 Millionen Euro und bietet 551 Männern und Jugendlichen Platz, 150 Kameras halten sie unter Beobachtung.

Ungewöhnlich für Altbayern sind die beiden Rundtürme der Pfarrkirche Heilig Blut auf dem Hofberg aus dem 15. Jahrhundert. Deren Errichtung geht auf Heinrich den Reichen zurück, die runden Türme könnten der mailändischen Herkunft seiner Mutter Magdalena Visconti geschuldet sein.

Der Stadtwesten: Wachstum und Wandel

Wer in regelmäßigen Zeitabständen über eine Stadt fliegt, kann erkennen, dass sie einem lebendigen Wesen gleicht. Sie ist in immerwährender Wandlung begriffen.
Und wie jedes Wesen wächst sie, im Fall einer Stadt von innen nach außen. Blickt man in den Westen, so sieht man einen Gürtel von Hochbauten, dann niedrigere Bauten, zuletzt Grünflächen. Eine Verkehrsachse zieht den Blick hinaus in den Horizont: der Alt-Straßenzug Rennweg, übergehend in die Theodor-Heuss-Straße. Dort draußen liegt die Münchnerau, die zu Beginn des Jahres 1972 zu Landshut kam. Sie ist heute für die Stadt ein wichtiger und wachsender Wirtschaftsstandort und erhofftes Ansiedlungsgebiet für Industrie und Gewerbe. Denn Wandel und Wachstum sind dauerhafte Prozesse.
Wie viel Landschaft aber darf diesen Prozessen preisgegeben werden, wie viel Stadt soll und muss unbebaut bleiben? Derlei Fragen sind der Treibriemen verantwortungsvoller Kommunalpolitik in dauerhafter Abwägung zwischen dem Wirtschaftswachstum, das Geld in die Kassen bringt für die Grundversorgung der Bürger, und Belangen des Naturschutzes, die zu einem guten Teil auch gesetzlich vorgegeben sind: Klimaschneisen etwa oder die Forderung nach Flora-Fauna-Habitaten. Wandel muss gestaltet werden, der Blick auf den Westen zeigt das. Das Stadtviertel mit seinen idyllischen Ortsteilen wie Siebensee, Wampelmühle, Liebenau war bisher eindeutig ländlich strukturiert, Anbaugebiet für die den Innenstadtmarkt mit Gemüse beliefernden Schwaiger. Das wird sich partiell ändern.

Wohnbebauung an Falter- und Bienenweg

Denn weil eine Stadt von Gewerbesteuern abhängig ist, heißt kommunale Finanzpolitik deshalb stets auch Gewerbeansiedlungspolitik. Wie wichtig die Finanzierung der Grundversorgungsansprüche aller Bürger ist, zeigt der Ortsteil West. Dort befinden sich das Klinikum der Stadt, aber auch wichtige Institutionen für Freizeit und Sport: das Stadtbad, das Stadion der LA Cannibals mit angeschlossenem Eishockey-Förderzentrum, das Hammerbachstadion mit Sportanlagen für die Spielvereinigung Landshut und den großen Verein Turngemeinde Landshut. Im Westen befinden sich außerdem wichtige Bildungseinrichtungen wie das Hans-Leinberger-Gymnasium mit seinen derzeit 1620 Schülern und die Pestalozzi-Schule, eine Einrichtung der Lebenshilfe für geistig behinderte Menschen.
Der Ortsteil Landshut-West hat wenig Bezug zur Tradition, er ist im wesentlichen ein Produkt der Nachkriegshistorie und der Nachkriegsarchitektur. Aber als Jahresring der Geschichte der Stadt ist er von entscheidender Bedeutung. Am Westen sieht man, dass Kommunalgeschichte nicht an ihrer glorifizierten Vergangenheit endet, sondern wie das 20. Jahrhundert kräftig eingriff ins Stadtbild, wie sich Zustände neuzeitlicher Gegenwarten in ihm lesen lassen. Das Begreifen einer Stadt bedingt, das zeigt der Flug über die Viertel, dies alles mit: Sie hört nie auf, sich zu entwickeln und zu verändern. Erst die Gemeinsamkeit ihres historischen Kerns mit ihren Vierteln und deren je eigenen Charakterzügen vereint sich zum entscheidenden Begriff: Gemeinde.

An der Gabelsbergerstraße mischen sich Wohnbauten aus den verschiedensten Jahrzehnten. Dort trifft modernste Architektur mit Glasdächern auf Nachkriegs-Mietsgebäude der Postbaugenossenschaft sowie Häuser des Historismus.

Teil des Stadtwestens ist das Klötzmüllerviertel, das sich hinter der Piuskirche erstreckt. Seinen Namen bekam das Viertel von einer in der Mitte des 19. Jahrhunderts äußerst beliebten Ausflugsgaststätte. Umgeben war sie einst von satten, grünen Wiesen, die zum Flanieren luden und seit den 1960er-Jahren bebaut wurden. Die Kirche mit ihrem einzeln stehenden Turm stammt aus dem Jahr 1961/62. Unten im Bild ist das städtische Schwimmbad zu sehen, oben das Hammerbachstadion und die Sportstätten von Turngemeinde und Spielvereinigung.

Die Grieserwiese ist Landshuts großer innenstadtnaher Parkplatz, der zwar zum Teil bewirtschaftet ist, aber dennoch für Pendler und Tagesbesucher der optimale Ort ist, sein Fahrzeug ruhen zu lassen. Schon zu Zeiten der Landshuter Hochzeit diente die Gries als eine Art Parkplatz: Dort wurde die polnische Königstochter Hedwig samt Delegation begrüßt. Auf der Grieserwiese finden auch die Frühjahrs- und die Bartlmädult im Herbst statt, und sie dient der Stadt seit langer Zeit als Ort für Großveranstaltungen: Während des Katholikentags 1897 beispielsweise wurde dort eine Einweg-Basilika errichtet.

Große Tradition in der Stadt haben Dulten. Sie dienten als besondere Märkte, zu denen Käufer und Einkäufer aus nah und fern erschienen, die, weil sie schon einmal da waren, damit eine große Sause in der Stadt verbanden. Besonders traditionsreich ist die Bartlmädult, die um den Tag des heiligen Bartolomäus, dem 24. August, herum stattfindet: Herzog Heinrich der Ältere richtete sie 1339 ein, um der frisch installierten Freyung Marktwert zu verleihen. Auch der Ursprung der Frühjahrsdult wird im 14. Jahrhundert vermutet. Heute vermitteln jedes halbe Jahr eine Verkaufsdult, Bierzelte und spektakuläre Fahrgeschäfte ein buntes Bild.

Rappelvoll ist es an heißen Sommertagen im städtischen Schwimmbad, das im Volksmund als Schwimmschule firmiert. Das hat seinen Grund darin, dass sie im Kern eine militärische Schwimmschule für die am Ort stationierten bayerischen Truppen war. Heute hat das Vergnügen die Oberhand in Damen-, Herren-, Kinder- und Sportbecken mit insgesamt 3100 Kubikmetern Wasser, mit einer 80-Meter-Rutschbahn, einem Zehn-Meter-Sprungturm und 38.000 Quadratmetern Liegeflächen. Seit den 1960er-Jahren wurde die Schwimmschule kontinuierlich ausgebaut. 2009 besuchten 180.000 Leute das Stadtbad, ins Hallenbad (rechts oben) kamen 96.000 Badegäste.

Das Bezirkskrankenhaus Landshut beherbergt eine Fachklinik für Psychiatrie, Psychotherapie und Psychosomatik mit 210 Betten und 20 Plätzen für die Tagesklinik. Ebenso dort untergebracht ist eine Fachklinik für Kinder- und Jugendpsychiatrie mit 36 Betten und 14 Tagesklinikplätzen. Institutsambulanzen, eine Schule für Kranke und ein Institut für schulische und psychosoziale Rehabilitation ergänzen die Angebote des 1993 eröffneten Bezirkskrankenhauses.
Träger ist der Bezirk Niederbayern, zu dessen Aufgaben eine zeitgemäße psychiatrische Versorgung der Bürger gehört.

Am 25. Mai 1960 erfolgte der erste Spatenstich zum Landshuter Klinikum, das damals noch Zentralkrankenhaus genannt wurde. 1965 wurde es bezogen. Die Baukosten betrugen 37 Millionen Mark. Seit 1976 wurde das Klinikum sukzessive weiter ausgebaut, neue Funktions-, Behandlungs- und Bettentrakte kamen hinzu. Rechts im Bild sehen wir aus dem Flugzeug die alten, links die neuen Bautrakte mit der Glasdachhalle im Mittelpunkt. 19 Haupt- und Belegabteilungen sind im Klinikum unter einem Dach vereint.

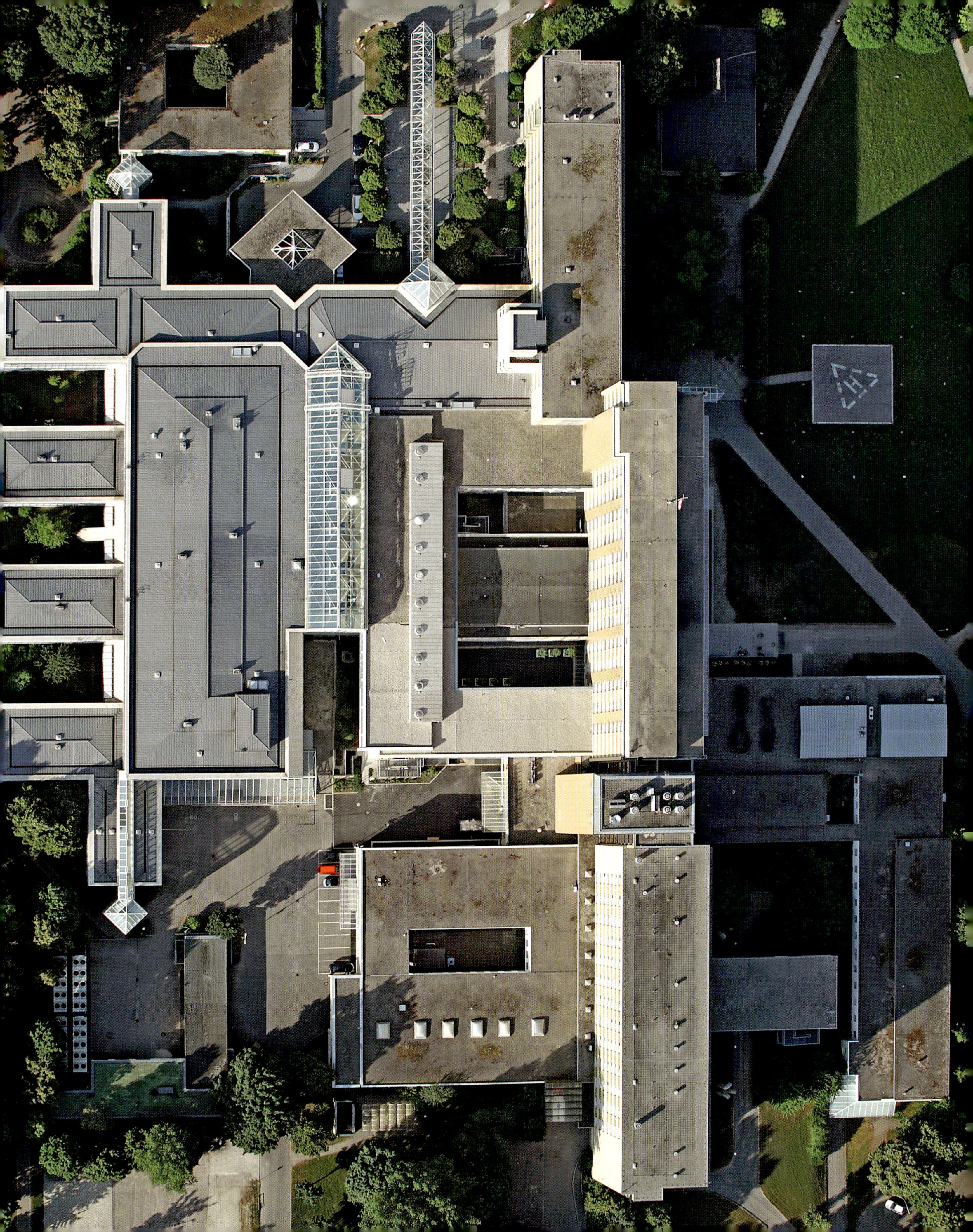

Nach einem Jahrzehnt heftiger Debatten in Politik und Wirtschaft ist am 25. März 2010 das Fachmarktzentrum „Landshut Park" eröffnet worden. 36 Mieter teilen sich eine Fläche von 23.000 Quadratmetern, darunter große Lebensmittelmärkte, Unterhaltungselektronik, Mode und Gastronomie.

Zum „Landshut Park" gehören auch Parkplätze für 700 Autos.

Das Fachmarktzentrum „Landshut Park“ soll der Stadt als Ausgangspunkt für die weitere Besiedlung der Münchnerau mit Gewerbeeinrichtungen dienen. Umstritten war das Projekt deshalb, weil viele Lokalpolitiker und Geschäftsleute befürchteten, auf der Grünen Wiese könnte eine zu starke Konkurrenz für die Innenstadthändler entstehen. Mehrere Anläufe für das Projekt scheiterten, immer wieder entbrannte die Debatte über die Größe der Verkaufsflächen und die Beschneidung jener Branchen, die der Innenstadt vorbehalten bleiben sollten. Schließlich setzten sich aber jene durch, die sagten, es sei sinnvoller, einen derartigen Fachmarkt in als neben der Stadt zu haben.

Landshuts Umlandgemeinden: Zusammen, aber nicht ganz

Das Gebiet der Stadt Landshut ist ein enges. Ausgedehnte, wachsende Umlandgemeinden umstellen den Stadtkörper, so entsteht Konkurrenz. Während die Stadt der Isar entlang in die Breite wuchs, wird sie im Norden und Süden durch ihre Umlandgemeinden dauerhaft eingeschnürt. Diese Gemeinden stellen wirtschaftlich und regionalpolitisch nicht nur eine Bereicherung, sondern auch eine Beschränkung dar. Zügig entwickeln sich Altdorf, Ergolding, Kumhausen, Nachbargemeinden mit eigener Verwaltung, dazu kommen expandierend Essenbach mit seinem Ortsteil Altheim und Bruckberg.
Dabei ist der Großraum Landshut längst eine einheitliche Region: Die Grenzen zwischen der Stadt und ihrem Umland sind oft so fließend, dass wir sie, wenn wir jetzt dann darüber fliegen, fast nirgendwo erkennen können. Das ist schon lange so. Wenn wir also gleich aus dem Fenster schauen, müssen wir schon einen Plan vor uns haben und wissen: Hier ist jene Bundesstraße die Grenze, dort jene Eisenbahntrasse. Von oben ist alles eins ...
Das städtebaulich eigentlich längst schon Zusammengehörige hatte man im Prinzip auch während der Gebietsreform der 1970er-Jahre schon so gesehen. Aber die Reform hatte dann doch nicht jene Konsequenzen, die aus heutiger Sicht vielleicht klug gewesen wären. Zwar hatte sich während der Jahre 1972 bis 1974 die Stadt Landshut nach langen Verhandlungen auf 66 Quadratkilometer flächenmäßig gut verdreifacht, aber ein einheitlicher Raum wurde nicht geschaffen, zu groß war der Widerstand der Umlandgemeinden. Dieses Beharrungsvermögen wurde von vielen schon damals durchaus kritisch gesehen, auch vor dem Hintergrund, dass sich Stadt und Umlandgemeinden trotz des gern kolportierten Spruches „Stadt und Land – Hand in Hand" durch ihre Konkurrenzsituation nicht immer auf gemeinsame zukunftsweisende, partnerschaftliche Strategien einigen können. Stattdessen stellen sich trotz vieler Versuche des Miteinanders vor allem auf den Feldern Ansiedlungspolitik und Krankenhauswesen durchaus Strukturen des Nebeneinanders ein. Andererseits profitieren Stadt und Umlandgemeinden in vielerlei Form voneinander. Für die Bewohner hier oder dort spielen Stadt- und Landgrenzen ohnehin nur eine untergeordnete Rolle.

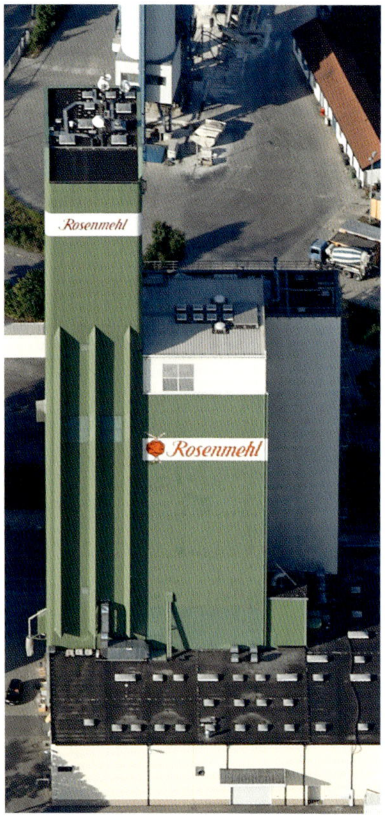

Hoch hinaus heute und einst: Seit 1977 steht die Rosenmühle in Ergolding ...

Besiedelt war die Gegend inner- und außerhalb der Stadtgrenzen schon lange vor der Gründung Landshuts im Jahr 1204. Zu verführerisch war das fruchtbare und offene Flusstal. In Ergolding wurden Siedlungsspuren aus der früheren Jungsteinzeit um 2000 vor Christus entdeckt. Der Ort war zu Römerzeiten besiedelt und dürfte danach zu den ältesten von Bajuwaren erneut besiedelten Orten gehört haben. Erste Erwähnungen stammen aus den Jahren 822 und

824; weil die Siedlung aber zu den besonders alten Orten zählt, die auf -ing enden, dürfte sie schon im 6. Jahrhundert bewohnt gewesen sein, dafür sprechen auch Grabungsfunde. Ergolding war lange Königsgut, gehörte dann dem Bistum Bamberg und ab dem 13. Jahrhundert, wie schon zu Beginn der bajuwarischen Besiedlung, wieder dem bayerischen Herzog. Der Ort hat nach dem Zweiten Weltkrieg viele Flüchtlinge aufgenommen und zählt heute, seit 1878 Markt, über 11.700 Einwohner. Das Gemeindegebiet setzt sich aus 24 Ortsteilen zusammen. Neben dem alten Ergoldinger Ortskern und einigen Landgemeinden ist der Markt nicht unbedingt durch große städtebauliche Schönheit bekannt, sondern vor allem durch die Effektivität seiner Infrastruktur. Ökonomisch gehörte Ergolding in den vergangenen Jahrzehnten zu den Gewinner-Orten in Niederbayern.

... und seit dem 15. Jahrhundert die Kirche St. Peter in Altheim.

Auch Altdorf ist eine prosperierende Gemeinde mit einer sehr langen Geschichte, was den Namen keineswegs unrecht gewählt macht: Altdorf ist einer der ältesten Orte Süddeutschlands. Schon vor 5000 Jahren hat es eine Besiedlung gegeben, wie archäologische Funde im Jahr 1979 bewiesen. Erstmalig urkundlich erwähnt wird Altdorf im Jahr 864, die 1971 eingemeindeten Gemeinden Eugenbach 822 als Ypinpach und Pfettrach um 800 als Phetarah, ein Name, der auf frühere keltische Besiedlung schließen lässt. Im Falle Eugenbachs ist die Forschung von römischer Besiedlung überzeugt. Auch Altdorf ist naturgemäß später eng mit der bayerischen Geschichte verzahnt. Heute hat Altdorf knapp 12.000 Einwohner und ist damit die größte Gemeinde im Landkreis. Regional bekannt ist der Ort für Pläne, die Geothermie, also die Erdwärme, technisch zu nutzen. Kumhausen im Südosten ist mit seinen gut 5000 Einwohnern vor allen Dingen als Wohnstätte für junge Familien interessant, die Einwohnerzahlen steigen kontinuierlich. Kumhausen ist einerseits landwirtschaftlich geprägt und dient andererseits als wenig spektakuläre Schlaf- und Trabentengemeinde.
Eigentlich ist Kumhausen eine Ansammlung heterogener Gebietskörper wie Niederkam, Windten, Obergangkofen, Götzdorf und Hohenegglkofen. Auch das aus verschiedenen Gemeindeteilen zusammengesetzte Kumhausen ist eng mit dem Stadtgebiet verwoben und hat weniger historische und kulturelle Traditionen als die Gemeinden im Stadtnorden. Seit dem 15. Jahrhundert ist die Kumhausener Gegend vor allem für ihre Ziegelsteinherstellung bekannt. Historisch besonders interessant ist der Gemeindeteil Altheim des Landshut-Nachbarn Essenbach. Nach einem dort im Jahr 1914 ausgegrabenen Erdwerk und den darin gemachten Funden ist eine ganze Kulturgruppe des Jungneolithikums bekannt. Heute bietet dieser Ortsteil vor allem Gewerbeansiedlungen Platz. Ein weiterer und überregional bekannter Ortsteil Essenbachs ist Ohu mit seinen beiden Atomreaktoren Isar I und Isar II.

Aus weiter Vergangenheit blickt die Eugenbacher Kirche St. Georg auf das moderne Altdorf hinab. Die heutige Kirche datiert aus dem 15. Jahrhundert und ist in spätgotischem Stil gehalten, allerdings gibt es Hinweise auf einen romanischen Vorgängerbau.

Der historische Kern des Markts Ergolding mit Pfarrkirche Maria Heimsuchung, Rathaus und Lindenstraße. Die Kirche stammt im Kern aus dem 13. Jahrhundert und hat ihr jetziges Aussehen in den Jahren 1775 bis 1784 erhalten. Im Rathaus und in der Bewohnerschaft pochte und pocht man auf die Eigenständigkeit der Gemeinde. Während der Gebietsreform, am 25. April 1971, beantworteten 90,79 Prozent der Bürger die Frage „Sind Sie dafür, daß die Gemeinde Ergolding weiterhin eine selbstständige Gemeinde bleibt?“ mit Ja.

Vierflügelanlage mit romanischem Bergfried, Torbau und Palas: Ursprünglich im 12. Jahrhundert errichtet stammt das heutige Gebäude im Kern aus dem 16./17. Jahrhundert. Das Schloss Kronwinkl bei Eching befindet sich in Privatbesitz. Das Schloss trägt auch den Namen Alten-Preysing, weil dort der Stammsitz der einflussreichen Grafen von Preysing lag. Die rotsilbernen Zinnen im Schildfuß des Wappens des Landkreises Landshut rühren von den Preysingern her.

Ebenso idyllisch: der Ort Eching am Echinger Stausee. See und Ufer sind auf knapp sechs Quadratkilometern Naturschutzgebiet und EU-Vogelschutzgebiet, in dem bisher 250 Vogelarten festgestellt wurden. Man kann dort bis zu 10.000 Einzeltiere beobachten, und über 90 Arten brüten am und im See, einem Stausee des Isarkanals zwischen München und Landshut. Parallel dazu läuft die Isar, auf deren anderer Seite der Landshuter Ortsteil Münchnerau liegt. Die Echinger Pfarrkirche St. Johannes Baptist stammt aus dem Jahr 1711, ihre gotische Vorgängerkirche ist 1702 von der Isar teilweise weggespült worden.

Wer aus dem Flugzeug in Richtung Essenbach und Ohu blickt, schaut auf zwei Kraftwerke, die schon in den 1970er-Jahren umstritten waren und es heute noch sind: Die Atomkraftwerke Isar I und Isar II haben Lokalpolitik mitbestimmt. Einer ihrer schärfsten Gegner war Landshuts Oberbürgermeister Joseph Deimer, der die Atomtechnik stets als unbeherrschbar betrachtete und die ungeklärte Entsorgungsfrage in den Vordergrund stellte. Auch in größeren Teilen der Bevölkerung gab es gegen die Atommeiler in unmittelbarer Nähe der Stadt stets scharfe Kritik. Isar I und II hatten im Atomkraftwerk Niederaichbach einen Vorläufer, der 1972 bis 1974 in Betrieb war. Von 1987 bis 1995 wurde der Reaktor demontiert. Block Isar I ist ein Siedewasserreaktor und seit 1979 im Betrieb, Block II ist ein Druckwasserreaktor und wurde 1988 in Betrieb genommen. Damit endet unser Rundflug über Stadt und Region Landshut. Wir fliegen zurück und landen wohlbehalten …

Bildnachweis
Alle Fotos von Herbert Stolz
Flüge mit den Piloten Blacky Schwarz und Klaus Trieb

Weitere Luftbildaufnahmen des Fotografen Herbert Stolz über
www.herbertstolz.de

Weitere Arbeiten von Christian Muggenthaler über www.christian-muggenthaler.de

Layout und Redaktion: Tina Köstler, München, tina.koestler@alexomai.de

Besonderer Dank an
Thomas Link, Jasmin Meindl, Julia Burschel-Stolz, Blacky Schwarz, Klaus Trieb

Weiterführende Literatur

Hans Bleibrunner: Historischer Stadtführer Landshut. Landshut 1971
Werner Ebermeier, Harry Zdera: Landshut. Landshut 1999
Gabriele Goderbauer-Marchner, Helmut Stix (Hrsg.): 800 Landshut. Landshut 2003
Gabriele Goderbauer-Marchner, Helmut Stix: Landshut – Bezaubernde Stadt an der Isar. Landshut 1997
Theo Herzog: Landshuter Stadtchronik 1948 – 1958. Landshut 1961
Theo Herzog: Landshuter Stadtchronik 1959 – 1969. Landshut 1970
Theo Herzog: Landshut im XIX. Jahrhundert. Landshut 1969
Theo Herzog: Landshuter Häuserchronik. Neustadt 1957
Gerald Huber: Kleine Geschichte Niederbayerns. Regensburg 2007
Volker Liedke: Denkmäler in Bayern: Stadt Landshut. Zürich 1988
Georg Spitzlberger: Landshuter Stadtchronik 1970 – 1990. Landshut 1998
Stadt Landshut (Hrsg.): Weitberühmt und vornehm ...: Landshut 1204 – 2004. Landshut 2004
Gerhard Tausche: Landshut. Die altbayerische Residenzstadt. Landshut 2005
Gerhard Tausche, Werner Ebermeier: Geschichte Landshuts. München 2003
Harry Zdera, Gerald Huber: Landshut. Regensburg 2009